Écouter pour...

comprendre, imaginer, prendre du plaisir, appliquer une consigne, s'informer, respecter une consigne, répondre à une consigne

Ce livret appartient à ....

Les consignes que tu rencontreras sont :

colorie, dessine, écris

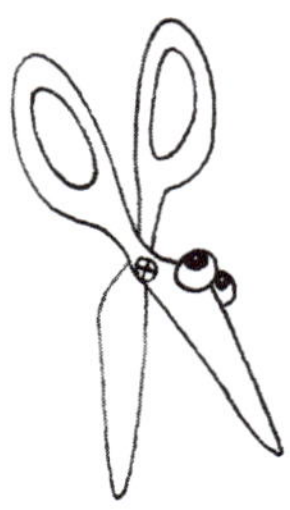

découpe et colle

relie

joue

Sommaire

Écouter pour...

Un beau tableau

J'ai bien aimé l'activité

Anatole et Alizée

J'ai bien aimé l'activité

La chatte pirate

3

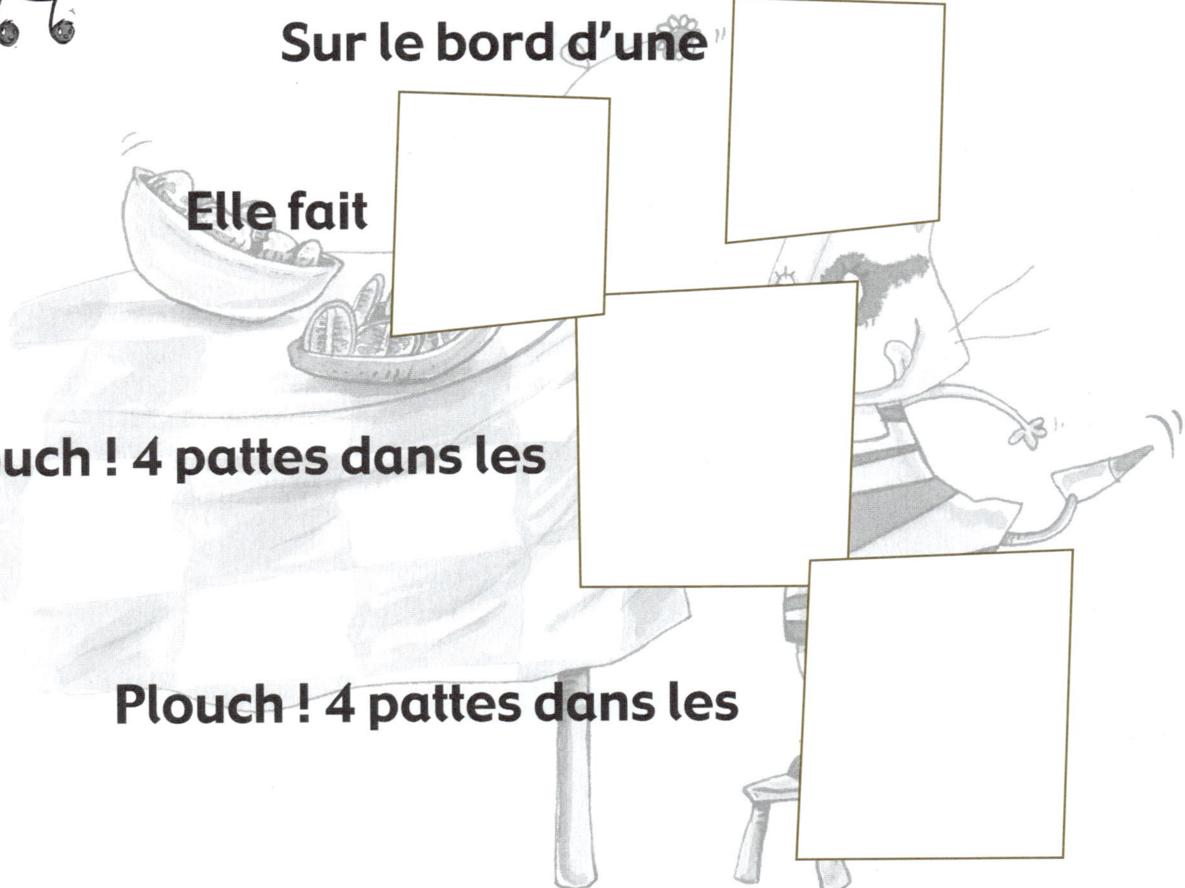

Une chatte

Se promène la

Sur le bord d'une

Elle fait

Plouch ! 4 pattes dans les

Plouch ! 4 pattes dans les

Plouch ! 4 pattes dans une

La chatte

As-tu envie de bricoler ?

oui / non

J'ai bien aimé l'activité

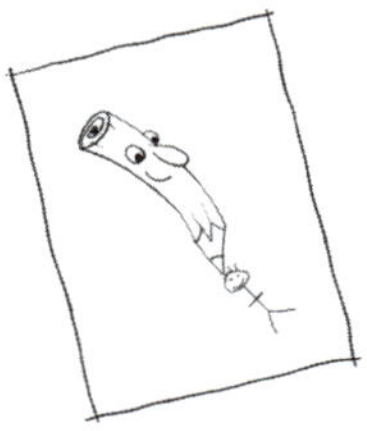

Dans la cuisine, on entend...

J'ai bien aimé l'activité

Le cortège

1 

2 

3 

4 

5 

Le bon cortège est le cortège numéro .....

J'ai bien aimé l'activité

Les saisons

J'ai bien aimé l'activité

Le pantalon d'Achille

1 

2 

RITOURNELLE

RITOU

PATAPOUF

3 

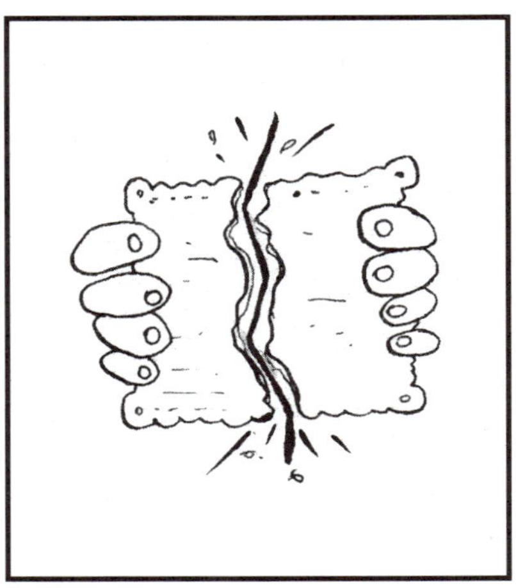

La photo

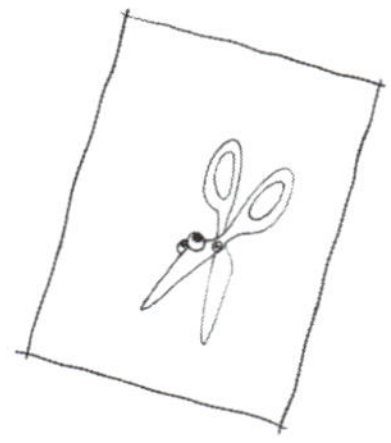

J'ai bien aimé l'activité

La photo : texte

Regarde sur la photo
Ils sont tous rigolos.
Mon cousin Benjamin
Se prend pour un lapin
Et ma tante Antoinette
Qui joue des castagnettes.

Mon copain Valentin
S'est coiffé comme Tintin,
Ma voisine Caroline
Se goinfre de pralines
Et papy Jérémy
Bien sûr s'est endormi.

Sacré nom de nom
Je ne vois pas Ronron
Mon petit chat rond
Mon minet mignon

Mes parents sont contents
Ils rient de toutes leurs dents,
Mon tonton Gédéon
Est vraiment très grognon,
Et mamy Rosalie
A mis ses bigoudis.

Sacré nom de nom
Je ne vois pas Ronron
Mon petit chat rond
Mon minet mignon

J'ai trouvé mon chaton,
J'ai trouvé mon Ronron,
Mon petit chat tout rond,
Mon minet si mignon,
Caché dans le chignon,
De la sœur à tonton.

Sacré nom de nom
Je le vois Ronron
Mon petit chat rond
Mon minet mignon
(2x)

Des sentiments

J'ai bien aimé l'activité 

11

Une recette

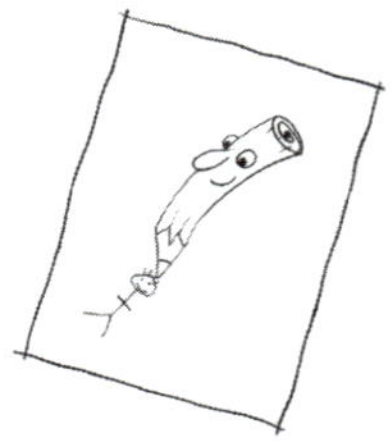

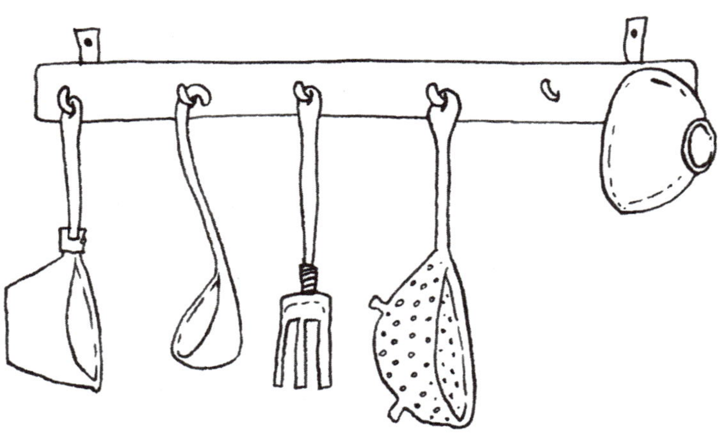

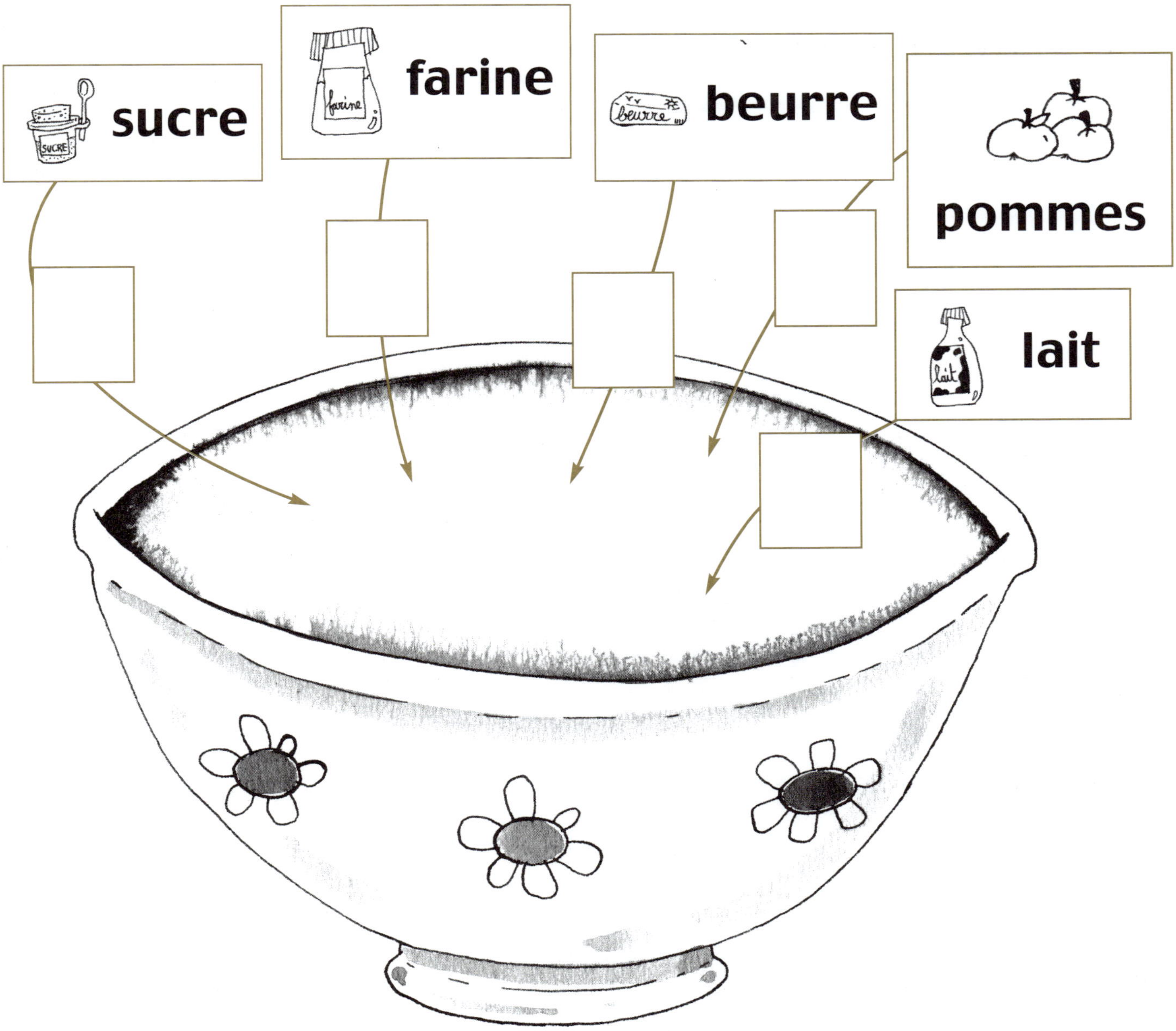

☐ Bats les jaunes d'œufs avec le *sucre* et le *lait*

☐ Ajoute les tranches de *pommes*

☐ Bats les blancs en neige

☐ Fais fondre le *beurre*

☐ Incorpore la *farine*

☐ Mets au four pendant 3/4 d'heure

J'ai bien aimé l'activité

Le petit oiseau va sortir

...

J'ai bien aimé l'activité

Le bonhomme de neige

13

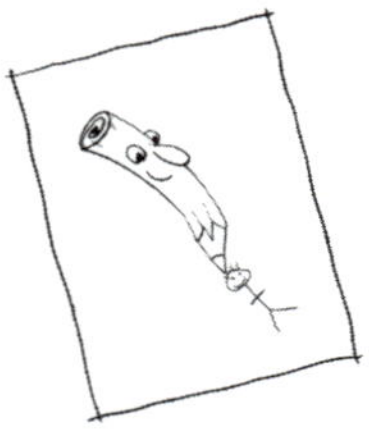

14

Devinettes

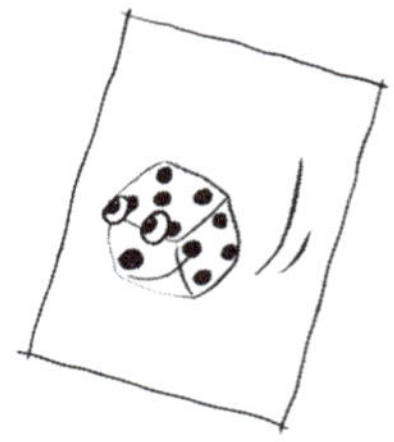

.... points

.... points

J'ai bien aimé l'activité

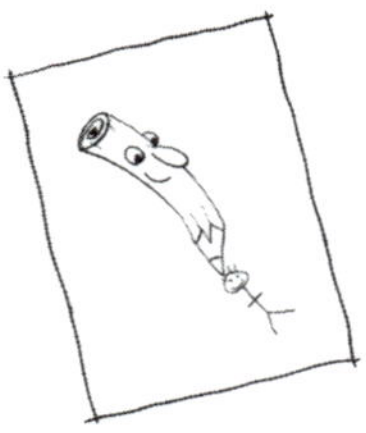

Le hamster

J'ai bien aimé l'activité

Des jeux rythmiques et corporels

1	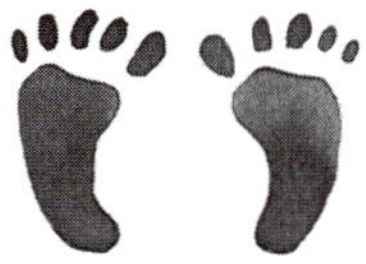	
2		
3	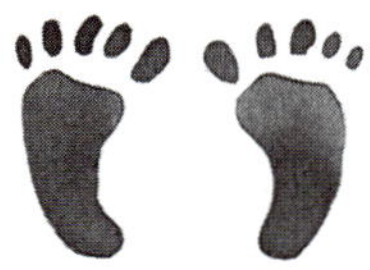	
4		
5		
6		
7		
8		
	Assis : 2 pieds frappent le sol	**Mains frappées entre elles.**

J'ai bien aimé l'activité 

Des jeux rythmiques et graphiques

J'ai bien aimé l'activité

18 On joue à quoi ?

J'ai bien aimé l'activité

Ma dent est tombée

Claire Marot

Aujourd'hui, à la cantine,
j'ai mordu dans ma tartine.
Devinez ce qui m'arriva :
ma première dent tomba !

J'étais très fière et pourtant,
le professeur m'a dit en souriant :
"Tu ressembles à une grand-mère !"
Cela m'a mise très en colère !

J'ai déposé ma quenotte
dans le creux de ma menotte,
car je sais que cette nuit
passera la petite souris...

J'ai bien aimé l'activité

Au supermarché

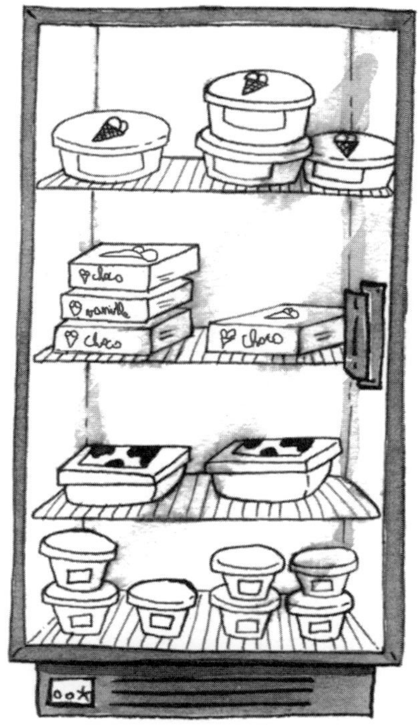

Droguerie

fruits et légumes

La météo

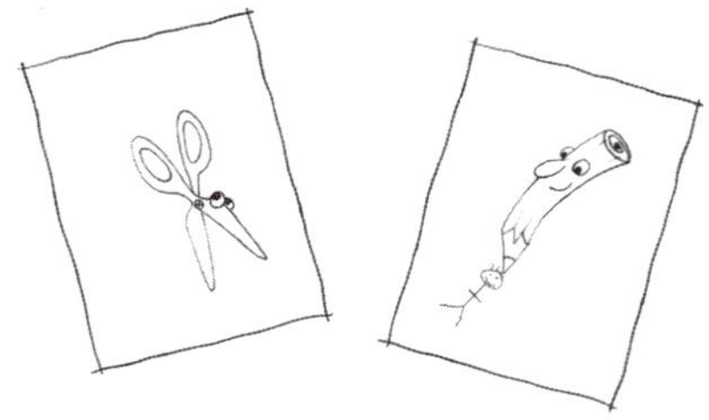

Vendredi 7 janvier
Ste Mélanie

LUNDI	MARDI	MERCREDI	JEUDI	VENDREDI	SAMEDI	DIMANCHE

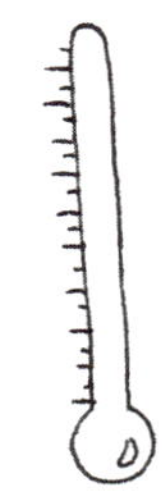

-3/1
0/3
5/7
8/10

J'ai bien aimé l'activité

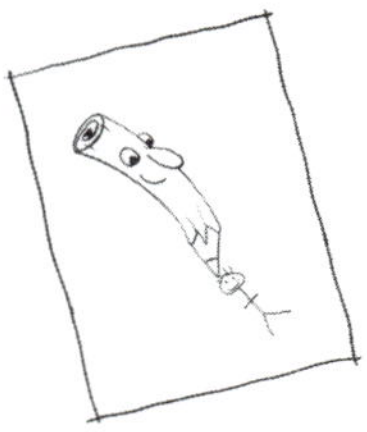

Pour mieux lire à haute voix

Papa regarde le journal télévisé

As-tu rangé ta chambre

1. Où se trouvent mes pantoufles
2. Le chien n'a pas aboyé très fort
3. Vas-y
4. Tout le monde est-il bien à bord
5. Dimitri roule prudemment à vélo
6. Coucou me voilà
7. Nous jouons à nous déguiser
8. Les toilettes s'il vous plait
9. Il s'est mis en colère
10. Quand reviendras-tu de vacances

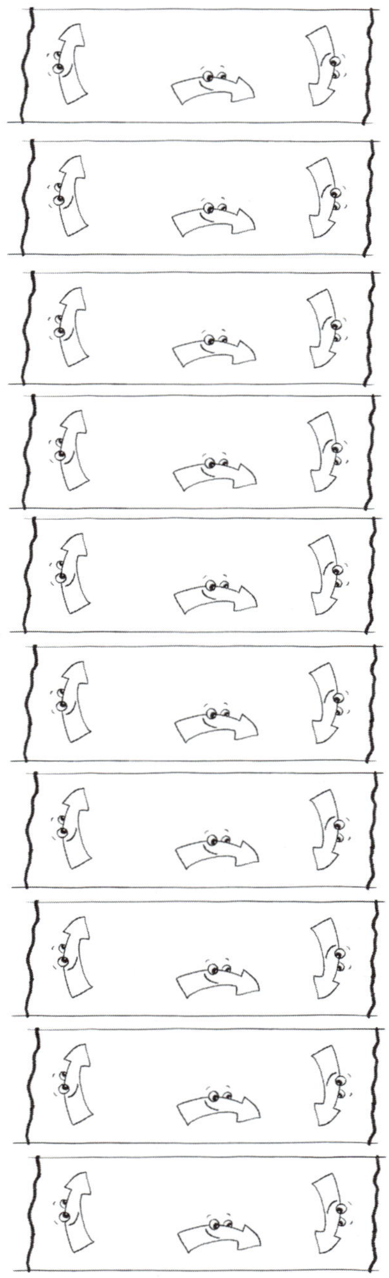

J'ai bien aimé l'activité

Qui est-ce ?

CAROLINE

OMAR

ANNE

CLARA

MARC

MARIE

SARAH

MARINA

MAGALI

SAM

ÉRIC

RITA

ODILE

CHARLOTTE

POL

ARTHUR

HENRY

LUC

Des notes de musique

1.

2.

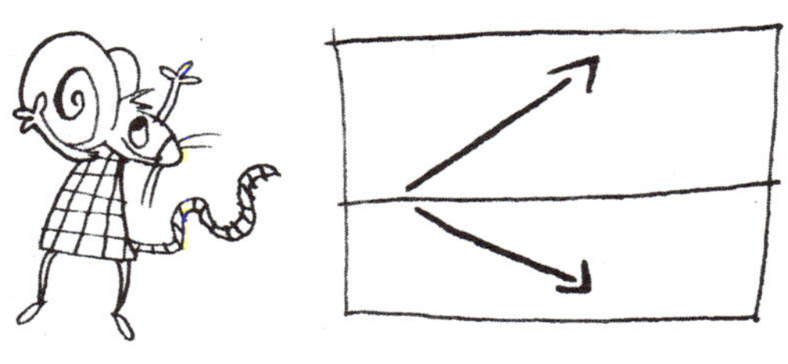

3.

Une affaire bien mystérieuse !

J'ai bien aimé l'activité

Passe, passera...

1.

2.

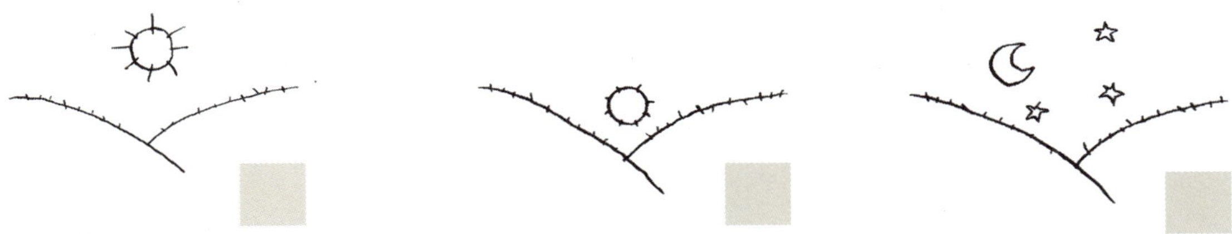

3.

4.

J'ai bien aimé l'activité

Une si petite souris

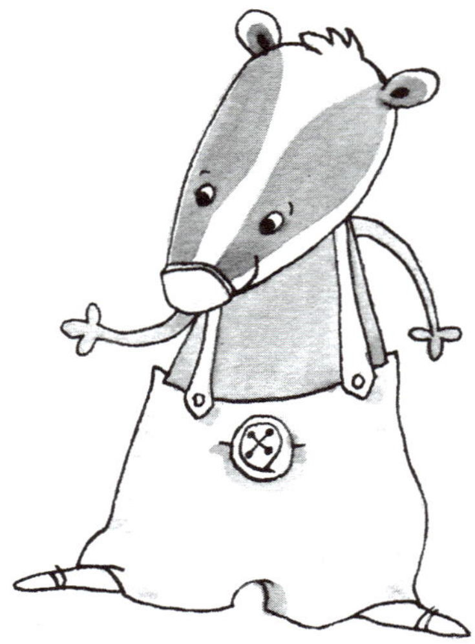

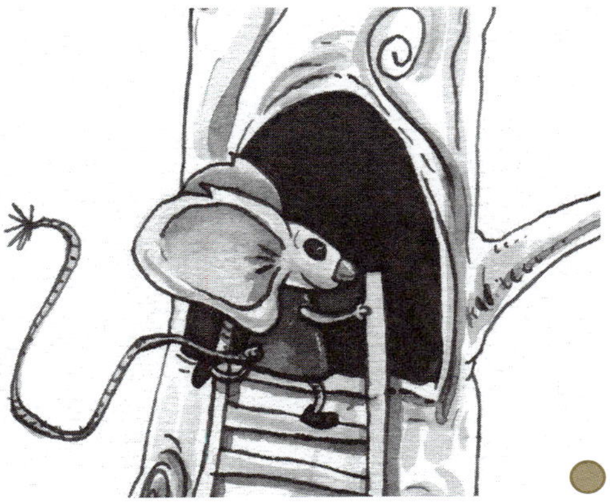

Mes amis au fil des pages